BEI GRIN MACHT SICH IHR
WISSEN BEZAHLT

- Wir veröffentlichen Ihre Hausarbeit,
  Bachelor- und Masterarbeit

- Ihr eigenes eBook und Buch -
  weltweit in allen wichtigen Shops

- Verdienen Sie an jedem Verkauf

Jetzt bei www.GRIN.com hochladen
und kostenlos publizieren

Bibliografische Information der Deutschen Nationalbibliothek:

Die Deutsche Bibliothek verzeichnet diese Publikation in der Deutschen National-
bibliografie; detaillierte bibliografische Daten sind im Internet über http://dnb.d-
nb.de/ abrufbar.

Impressum:

Copyright © 2015 GRIN Verlag, Open Publishing GmbH
Druck und Bindung: Books on Demand GmbH, Norderstedt Germany
ISBN: 9783668432611

Dieses Buch bei GRIN:

http://www.grin.com/de/e-book/358040/kinderarbeit-in-entwicklungslaendern-
moeglichkeiten-und-grenzen-der-reduzierung

Max Fischer

Kinderarbeit in Entwicklungsländern. Möglichkeiten und Grenzen der Reduzierung von Kinderarbeit

GRIN Verlag

GRIN - Your knowledge has value

Der GRIN Verlag publiziert seit 1998 wissenschaftliche Arbeiten von Studenten, Hochschullehrern und anderen Akademikern als eBook und gedrucktes Buch. Die Verlagswebsite www.grin.com ist die ideale Plattform zur Veröffentlichung von Hausarbeiten, Abschlussarbeiten, wissenschaftlichen Aufsätzen, Dissertationen und Fachbüchern.

Kinderarbeit in Entwicklungsländern

Gliederung

1. Einleitung

Mit dem Welttag gegen Kinderarbeit wird, seit 2002, am 12. Juni jeden Jahres an die schwierige Lebenssituationen von Heranwachsenden in der Dritten Welt erinnert. Aber auch in Schwellenländern schuften Kinder unter menschenunwürdigen Bedingungen. Obwohl sich verschiedene überstaatliche Institutionen und Gruppierungen schon seit langem dem Kampf gegen Kinderarbeit widmen. Zu ihnen gehören, neben vielen anderen, die UN (United Nations), die ILO (Internationale Labour Organization), eine Sonderorganisation der Vereinten Nationen oder die UNICEF (United Nations International Children's Emergency Fund) das UN-Kinderhilfswerk. Genannt werden muss in diesem Zusammenhang auch das Kinderhilfswerk terre des hommes und der Verein Kindernothilfe Deutschland. Wie wichtig es ist, den Blick der Öffentlichkeit immer wieder und mit Nachdruck auf das Thema Kinderarbeit zu lenken, zeigt die Wahl des indischen Kinderrechts-Aktivisten Kailash Sathyarthi, der teils unter Einsatz seines Lebens Kinder aus der Zwangsarbeit in Fabriken befreit, zum Nobelpreisträger 2014.[1]

2. Problemstellung

Kinderarbeit ist ein weltweites Phänomen, konzentriert jedoch auf sogenannte unterentwickelte Gebiete. Zugleich ist sie ein sehr komplexes Phänomen, in geografischer, wirtschaftlicher, gesellschaftlicher und ihre Gefährlichkeit betreffender Hinsicht. Im Vordergrund steht, zum einen, sowohl die Frage nach den Ursachen von Kinderarbeit als auch nach ihren negativen Folgen. Zum anderen geht es um die Vorstellung und Bewertung von Initiativen, Aktivitäten und Verhaltensweisen zur Einschränkung dieses brennenden Problems. Besteht sogar Hoffnung auf vollkommene Abschaffung der Kinderarbeit in näherer Zukunft? Es scheint außerdem notwendig, zu überlegen, ob die Sichtweisen von

---

[1] Kailash Satyarthi erhielt den Friedensnobelpreis gemeinsam mit Malala Yousafzai, die junge Frau aus Pakistan setzt sich trotz Mordanschlag und Morddrohungen für das Recht aller Mädchen auf Bildung ein.

Kinderrechtsvertretern untereinander und Gesetzgebern einheitlich sind. Und ob nicht ein Teil der Betroffenen selbst und manche Politiker in Ländern mit Kinderarbeit eigene Vorstellungen von einer langfristigen Verbesserung der Situation haben. Ziel der Ausführungen insgesamt soll die Befähigung zu einem abschließenden Urteil sein und letztlich zu dem Versuch eines persönlich für besonders sinnvoll angesehenen Lösungsvorschlags führen.

Bei dieser Facharbeit handelt es sich um eine Untersuchung auf der Basis von möglichst aktuellem und nachweislich seriösem Quellenmaterial. Hinsichtlich des Zahlenwerks steht deshalb der Bericht der ILO vom September 2013 im Vordergrund.

3. Fakten und Daten

3.1. Was ist Kinderarbeit?

Um Kinderarbeit nach Artikel 32 der UN-Kinderrechtskonvention (Convention on the Rights oft the Child) handelt es sich, wenn sie den Entfaltungsmöglichkeiten von Kindern entgegensteht: *„Die Vertragsstaaten[2] erkennen das Recht des Kindes an, vor wirtschaftlicher Ausbeutung geschützt und nicht zu einer Arbeit herangezogen zu werden, die Gefahren mit sich bringen, die Erziehung des Kindes behindern oder die Gesundheit des Kindes oder seine körperliche, geistige, seelische, sittliche oder soziale Entwicklung schädigen könnte.“[3]* Betroffen sind Mädchen und Jungen im Alter von 5 bis 17 Jahren. Es wird zwischen Kinderarbeit generell und ‚gefährlicher' Kinderarbeit unterschieden, die eine besondere Gefahr für Leib und Leben bedeutet.

3.2. Wo gibt es Kinderarbeit und in welchem Umfang?

Besonders ausgeprägt ist, bezogen auf 2009, die Kinderarbeit (s. Anh., Abb. 1) in vielen Ländern Zentralafrikas, in Bolivien, Afghanistan, Nepal und Kambodscha. Etwas weniger stark betroffen sind in Afrika: Mauretanien, Sudan, Angola, Nigeria, Tasmanien und der

---

[2] Unterzeichnet wurde das Übereinkommen über die Rechte des Kindes von allen UN-Mitgliedsstaaten mit Ausnahme von Somalia, dem Südsudan und den USA.
[3] UN-Kinderrechtskonvention, 1989, in Kraft getreten am 2.9.1990, in:
http://www.unicef.de/blob/9364/a1bbed70474053cc61d1c64d4f82d604/d0006-kinderkonvention-pdf-data.pdf
(15. Dezember 2014)

Kongo; in Mittelamerika: Mexiko und in Südamerika: Ecuador, Peru, Paraguay und Guyana; dann der Irak, der Jemen, Indien, Bangladesch, Vietnam, die Philippinen und die Mongolei. Unter 10 % der Kinder zwischen 5 und 14 Jahren arbeiteten zum genannten Zeitpunkt in Argentinien, Brasilien, Uruguay, Algerien, Ägypten, der Ukraine, Rumänien, Weißrussland, Kasachstan, sowie in Ländern der Inselgruppen zwischen dem Indischen und Pazifischen Ozean. In Zahlen, bezogen auf 2012 (s. Anh., Abb. 2) ausgedrückt, arbeiteten global insgesamt rd. 265 Mio. Kinder. Rd. 168 Mio. Jungen und Mädchen zwischen 5 und 17 Jahren sind im Sinne von UN- und ILO-Kinderrechtskonvention ‚Kinderarbeiter', d. h. in ihrer persönlichen Entwicklung beeinträchtigt. Etwa die Hälfte, rd. 85 Mio., gehen einer als ‚gefährlich' eingestuften Beschäftigung nach. Der Großteil aller Kinderarbeiter, nahezu 60 %, sind in der Land- und Forstwirtschaft zu finden, ein Viertel im Dienstleistungssektor, vergleichbar wenige, nämlich je ca. 7 % arbeiten in der Industrie und für die eigene Familie (s. Anh. Abb. 3). *„Kindersoldaten"* werden *„in bewaffneten Konflikten in mindestens 17 Ländern der Welt eingesetzt".*[4] Auch den, vor allem weiblichen, Dienstboten geht es häufig extrem schlecht: *„ Viele von ihnen müssen als Haushaltshilfen schuften, meist ohne Bezahlung und von der Öffentlichkeit weggesperrt."*[5] Nicht selten sind sie physischer und psychischer, aber auch sexueller Gewalt hilflos ausgesetzt.

Man möchte es nicht glauben, doch trotzdem ist es wahr, 44 % der weltweit bekannten (aber längst nicht alle sind bekannt) Kinderarbeiter sind erst 5 bis 11 Jahre alt. Mit je 28 % sind Jungen und Mädchen zwischen 12 und 14 sowie 15 bis 17 Jahren aufgelistet (s. Anh. Abb. 4). Genau umgekehrt verhält es sich mit der als „gefährlich" eingestuften Arbeit. Auf sie entfallen 55 % Kinderarbeiter zwischen 15 und 17 Jahren, 23 % zwischen 12 und 14 Jahren, 22 % zwischen 5 und 11 Jahren (s. Anh. Abb. 5).

3.3. Warum gibt es Kinderarbeit?

Die Ursachen für Kinderarbeiten liegen im wirtschaftlichen und damit auch sozialen Ungleichgewicht dieser Welt. Sie ist aber kein Naturgesetz, denn *„meistens ist es nicht die Armut per se, welche die Kinder von der Schule fern und in Kinderarbeit gefangen hält. ... Regierungen haben die Wahlmöglichkeit, zum Beispiel, was die Bereitstellung von*

---

[4] Nicola Liebert: Der Kampf der ILO gegen Kinderarbeit: Eine Bestandsaufnahme. In: Aus Politik und Zeitgeschichte. Kinderarbeit. Beilage zur Wochenzeitung Das Parlament, 43/2012 v. 22.10.2012. S. 14
[5] Ebd. S. 12

Schulbildung und Sozialschutz anbelangt".[6] Nur werden die Regierungen ihrer Aufgabe oftmals nicht gerecht. So gibt es vielfach keine für die Kinder erreichbaren Grundschulen. Staatliche Hilfen fehlen meistens. Behörden und Polizei sehen weg und verfolgen die Ausbeutung nicht. Das Streben nach niedrigen Preisen auf dem Weltmarkt führt zur Einstellung von Kindern zu Niedrigstlöhnen. In vielen Ländern gelten Menschen aus bestimmten sozialen Schichten als minderwertig, sie und auch Flüchtlinge sind besonders bedroht. Kinder, die ihre Angehörigen in Bürgerkriegen, durch AIDS oder andere Epidemien verloren haben, sind oftmals zur Arbeit gezwungen. Erwachsene allein verdienen nicht genug. Viele Familien haben außerdem Schulden, die sie an korrupte Arbeitsvermittler zahlen müssen oder haben sich Geld bei Wucherern leihen müssen, wenn jemand krank wird. Verarmte Eltern erwarten von ihren Kindern, dass sie Geld verdienen, egal wie. Oder sich nur für Essen und Trinken verkaufen sozusagen. Häufig geht es einfach ums Überleben! Und in manchen Gesellschaften ist Kinderarbeit allgemein akzeptiert.

3.4. Auswirkungen von Kinderarbeit

Kinderarbeit führt zu noch mehr Armut. *„Kinder, die nie eine Schule besucht haben, werden als Erwachsene kaum einen qualifizierten Job finden. Sie bleiben Hilfsarbeiter und Tagelöhner, die ihre Familie nicht ausreichend ernähren können."* Kinderarbeit begünstigt also Kinderarbeit. Nicht nur Terre des hommes beklagt, dass *„mit steigendem Wirtschaftswachstum ... die Zahl der Kinder oft steigt, wenn in einer Region die Wirtschaft wächst."*[7] Steigender Wohlstand in der Mittelschicht führt beispielsweise zu vermehrter Einstellung von billigem Hauspersonal. Kinder, die selten oder nie eine Schule besucht haben, können auch in der Zukunft keinen profitablen Job bekommen. Sie erlernen nie ein Handwerk. Ihre Kinder müssen wiederum arbeiten, und so schließt sich der Teufelskreis. Analphabetismus wird nicht überwunden. Nie oder unzulänglich das Rechnen erlernt, wie das Schreiben eine wichtige Voraussetzung für Lebenstüchtigkeit. Denn in der Schule lernen Kinder auch, die Welt zu begreifen und sich in ihr zurechtzufinden. Schwere körperliche Arbeiten in Minen, Bergwerken, Steinbrüchen, in Abwasserkanälen, der ungeschützte Umgang mit Pestiziden, schrecklicher Lärm in Fabriken usw. führen zu schweren

---

[6] Ebd. S. 15
[7] terre des hommes. Hilfe für Kinder in Not. 2. aktualisierte Auflage, Januar 2012, S. 3, in: http://www.tdh.de/fileadmin/user_upload/inhalte/10_Material/Themeninfos/2012-01_TH_Kinderarbeit.pdf. (3.1.2015)

körperlichen Schäden. Schlimmstenfalls drohen Blindheit, Taubheit, Verbrennungen, Vergiftungen … Falls Kinder wirklich stundenweise eine Schule besuchen könnten, sind sie dazu oft viel zu erschöpft.

4. Möglichkeiten und Grenzen der Reduzierung der Kinderarbeit

4.1. Forderungen

Die Liste der angestrebten Maßnahmen ist lang, sie beginnt mit dem Verbot von Kinderarbeit unter 12 Jahren. Kinder zwischen 12 und 14 Jahren sollen nicht länger als 14 Stunden in der Woche arbeiten. Gefährliche Arbeiten sollen erst ab 18 Jahren erlaubt sein. Wie die UN in ihrer Kinderrechtskonvention aus dem Jahre 1989 fordert die ILO mit ihrer Konvention 182 aus dem Jahre 1999 ein Verbot der Kinderarbeit. 174 Staaten haben sich daraufhin verpflichtet *„unverzügliche und wirksame Maßnahmen zu treffen, um sicherzustellen, daß die schlimmsten Formen der Kinderarbeit vordringlich verboten und beseitigt werden."*[8] Neben den UN- und ILO-Abkommen formulierte die Organisation für wirtschaftliche Zusammenarbeit und Entwicklung (OECD) im Jahre 2011 Leitsätze für multinationale Unternehmen. Hierin werden diese dazu aufgefordert, *„die Durchsetzung der Menschenrechte in ihren Geschäftsbeziehungen zu garantieren".*[9] Im gleichen Jahr hat die EU-Kommission eine Verpflichtung von Unternehmen gefordert, regelmäßig Bericht über die Wahrnehmung ihrer Verantwortung zu erstatten.[10]

Weitere Forderungen an Politik und Wirtschaft in den Entwicklungsländern: Kinder und Jugendliche müssen frei und kostenlos zur Schule gehen können und eine Berufsausbildung bekommen, Stärkung von Kinderrechten generell, Einführung von Schutzmaßnahmen, Kontrollen von Arbeitsbedingungen, strikte Ahndung von Verstößen.

Weitere Forderungen an Politik und Wirtschaft in den Industriestaaten: den Entwicklungsländern höhere Weltmarktpreise zugestehen, selbst keine ausbeuterisch arbeitenden Zweigwerke oder Tochtergesellschaften in der Dritten Welt zu unterhalten, bei bekannten, andauernden Missständen die Geschäftsbeziehungen mit Zulieferern und

---

[8] ILO-Konvention 182, 1999, in Kraft getreten am 19.11.2000, in:
http://www.humanium.org/de/ubereinkommen-uber-das-verbot-und-unverzuglichen-massnahmen-zur-beseitigung
-der-schlimmsten-formen-der-kinderarbeit-nr-182 (15. Dezember 2014)
[9] Friedel Hütz-Adams: Maßnahmen gegen ausbeuterische Kinderarbeit, in: Aus Politik und Zeitgeschichte. Kinderarbeit. Beilage zur Wochenzeitung Das Parlament, 43/2012 v. 22.10.2012. S. 18
[10] Ebd.

Lieferanten von Endprodukten abbrechen, Kennzeichnung von Waren, die ohne Kinderarbeit hergestellt wurden, Förderung etwa des Baues von Ausbildungsstätten und Gesundheitseinrichtungen in von Kinderarbeit betroffenen Gebieten.

Forderungen an Verbraucher: Druck auf Politik und Wirtschaft erhöhen, Konsum von fair gehandelten Produkten steigern, Boykott von unter Mithilfe von Kindern hergestellten Waren, Unterstützung von Hilfsorganisationen durch Spenden bzw. aktive Mitarbeit.

Forderungen an Eltern, Erzieher, Lehrer in den entwickelten Staaten: das Bewusstsein für die Problematik Kinderarbeit schärfen.

4.2. Umsetzung

Bei der Umsetzung der Forderungen auf dem Papier kommt es jedoch zu großen Problemen. So sind die deutsche Bundesregierung und die deutschen Unternehmensverbände schlicht gegen zwangsweise Verpflichtungen. Sie befürchten zu viel Bürokratie und beharren auf Freiwilligkeit. Dass jedoch die Meldung von der Verleihung des Friedensnobelpreises an Kailash Satyarthi in Deutschland unmittelbar auf fruchtbaren Boden fiel, zeigt eine Nachricht vom 3. Dezember 2014 mit der Überschrift „Deutschland erhöht seine Unterstützung im Kampf gegen Kinderarbeit". Es handelt sich um 800000 Euro aus dem Bundeshaushalt, bestimmt für die Verwendung in den ärmsten Gebieten Zentralasiens. Insgesamt hat Deutschland seit 2010 das ILO-Programm mit 4,8 Mio. US-Dollar unterstützt.[11]

Der UN, der ILO, der EU-Kommission und anderen überstaatlichen Organisationen fehlt es allerdings an den Durchsetzungs- und Sanktionsmöglichkeiten. Häufig sind Vorgaben und Forderungen zu allgemein und unverbindlich formuliert, es fehlt an Umsetzungsbestimmungen, so dass eine Umgehung leicht fällt. Regierungschefs und Minister von entwickelten Staaten weigern sich, in ihrem Einflussbereich, die beschriebenen Maßnahmen umzusetzen. Unternehmen versuchen häufig, sich der Diskussion um Missachtung der Kinderrechte zu entziehen, indem sie die Politik für zuständig erklären. In etlichen unterwickelten Staaten wird die Verfolgung von dringend notwendigen Maßnahmen durch Korruption und Gewissenlosigkeit behindert.

Wie viele Stunden Kinder neben der Schule arbeiten dürfen, kann in den einzelnen Ländern durch nationale Gesetze selbst festgelegt werden. Das jedoch geschieht oftmals nicht.

---

[11] „Deutschland erhöht seine Unterstützung im Kampf gegen Kinderarbeit". Nachricht vom 3.12.2014, in: http://www.ilo.org/berlin/presseinformationen/WCMS_329527/lang--de/index.htm (22.12.2014)

Obwohl ihr Ziel, die Kinderarbeit bis zum Jahre 2016 ganz abzuschaffen nicht erreicht werden wird, kann die ILO in ihrem Report vom September 2013 über Fortschritte im Bemühen um Rückgang weltweit berichten: *„Since the year 2000, the ILO has been taking stock and measuring global progress on the reduction of child labour."*[12] Man bewege sich in die richtige Richtung, aber der Fortschritt sei immer noch zu langsam, erklärte ILO-Generalsekretär Guy Ryder.[13] Laut einem von der ILO veröffentlichten Diagramm für Jahre 2000 bis 2012 (s. Anh., Abb. 6) konnte die Zahl der arbeitenden Kinder zwischen 5 und 17 Jahren im genannten Zeitraum von 246 Mio. auf 168 Mio. gesenkt werden. Auf gefährliche Arbeiten bezogen ging die Zahl von 171 Mio. auf 85 Mio. zurück. Die Wunschprognose der ILO bis 2020: Absenkung auf 107 bzw. 50 Mio. An eine endgültige Abschaffung von Kinderarbeit vor dem Jahre 2030 ist somit wohl nicht zu denken.

Es gibt Hinweise auf Erfolgsmodelle. Brasilien zum Beispiel führte mit seiner neuen Verfassung 1985 die achtjährige Schulpflicht ein und hat 1990 ein Gesetz zum Kinder- und Jugendschutz verschiedet, das ein Recht auf Bildung festschreibt. Brasilien war eines der Länder, das dem ILO-Programm beigetreten ist. Seit 1996 wird Kindern ein Angebot für die Zeit nach Schule gemacht. Die Einhaltung von Gesetzen gegen die Kinderarbeit wird durch reisende Inspektoren gesichert. *„Die Erwerbsquote von Kindern der Altersgruppe von 10 bis 17 Jahren ging nach Angaben des brasilianischen Arbeitsministeriums zwischen 1992 und 2004 um mehr als ein Drittel zurück."*[14] Ein 2003 eingeführtes Spezialprogramm der brasilianischen Regierung zur finanziellen Unterstützung armer Familien half zusätzlich, die Quote der arbeitenden Kinder, wie bereits erwähnt, auf unter 10 % zu senken.

4.3. Kontroverse Diskussion

Würden Verbote, Boykotte und Strafen nicht von weiteren positiven Maßnahmen begleitet, argumentiert die Kinderschutzorganisation UNICEF, träfen diese Maßnahmen oft die Falschen. Kinderarbeiter und ihre Familien seien auf das Einkommen angewiesen.

---

[12] ILO (Hg.): Marking progress against child labour – Globel estimates and trend 2000-2012. International Labour Office, International Programme on the Elimination of Child Labour (IPEC), Genf 2013, in: http://www.ilo.org/wcmsp5/groups/public/---ed_norm/---ipec/documents/publication/wcms_221513.pdf (3.1.2015)

[13] "ILO meldet Erfolge beim Kampf gegen die Kinderarbeit". Nachricht vom 23.9.2013, in: http://www.ilo.org/berlin/presseinformationen/WCMS_221844/lang--de/index.htm (22.12.2014)

[14] Nicola Liebert: Der Kampf der ILO gegen Kinderarbeit: Eine Bestandsaufnahme. In: Aus Politik und Zeitgeschichte. Kinderarbeit. Beilage zur Wochenzeitung Das Parlament, 43/2012 v. 22.10.2012. S. 10

Kinderarbeiter, die einfach entlassen werden, landeten auf der Straße oder in noch schlimmeren Ausbeutungsverhältnissen unter sklavenartigen Umständen.

1992 hatte der US-amerikanische Senator Tom Harkin sich für einen vollständigen Bann für Produkte aus Kinderarbeit ausgesprochen und dabei auch auf die Textilindustrie von Bangladesh hingewiesen. 50000 Kinder etwa, die daraufhin in diesem Land entlassen werden mussten, wanderten teils ab in die Steinbrüche, fristeten nun ihr Dasein auf Müllplätzen oder wurden Opfer von Zwangsprostitution. Pauschale Verbote treiben Kinder auch in die Illegalität, wodurch sich ihre Situation nochmals verschlimmert. Auch die Hilfsorganisation terre des hommes hält Umstrukturierungsmaßnahmen für einen ersten wichtigen Schritt. Jedes Projekt gegen Kinderarbeit *„muss von umfangreichen Sozial- und Bildungsmaßnahmen begleitet werden".*[15] Und sie müssten Hand in Hand mit Verbesserung der Bedingungen durch Maßnahmen von Arbeitgeber gehen. Wichtig sei auch die Anhebung der Löhne für die Eltern und die Vergabe von günstigen Krediten zum Kauf eines Nutztiers vielleicht oder zum Aufbau einer selbständigen Existenz.[16]

In Nicaragua hält man – noch – nichts vom strikten Kinderarbeitsverbot als erstem Schritt. Dort sieht man die Lösung für eine Übergangszeit in der Verbindung von Geldverdienen und Schulbesuch. Gleich neben der Markthalle von Jinotega, beispielsweise, in der besonders viele Kinder arbeiten, wurde der ‚Club Infantil' eingerichtet. Hier bekommen die Kinder, auf deren Mitarbeit die Eltern nicht verzichten können und die nicht einmal den staatlichen Abendunterricht regelmäßig besuchen können, eine Chance auf Bildung. *„Zusätzlich zum Förderunterricht können sie Mal-, Bastel- und Tanzstunden besuchen, aber auch handwerkliche Kurse ... "*[17]

Die betroffenen Kinder haben mitunter eine eigene Vorstellung von ihrer Zukunft. 1996 kamen bei dem ersten internationalen Treffen Kinderarbeiter aus Afrika, Asien und Lateinamerika im indischen Kundapur zusammen. In ihrer Erklärung steht u. a. geschrieben: *„Wir sind gegen Boykotte von Waren, die von Kindern gemacht wurden." – „Wir sind gegen ausbeuterische Arbeit, wir wollen in Würde arbeiten und Zeit zum Lernen, Spielen und Ausruhen haben."*[18] Vollständige Ablehnung von Arbeit findet man bei den Kindern selten.

---

[15] Ebd.
[16] Ebd.
[17] terre des hommes. Hilfe für Kinder in Not. 2. aktualisierte Auflage, Januar 2012, S. 6 - http://www.tdh.de/fileadmin/user_upload/inhalte/10_Material/Themeninfos/2012-01_TH_Kinderarbeit.pdf. (3.1.2015)
[18] Barbara Küppers: Gibt es „gute" Kinderarbeit? Plädoyer für den kinderrechtlichen Ansatz. In: Aus Politik und Zeitgeschichte. Kinderarbeit. Beilage zur Wochenzeitung Das Parlament, 43/2012 v. 22.10.2012. S. 28

Sie äußern eher den Wunsch, nicht so lange und schwer zu arbeiten. Man weiß von einem Jungen in Argentinien, der seit seinem sechsten Lebensjahr als Straßenverkäufer Geld verdient. Für ihn und andere Kinder aus einem Armenviertel kommt es ebenfalls mehr auf die Umstände der Arbeit an: *„Was mich belastet, ist, wenn ich unter schlechten Bedingungen arbeiten muss, keine Rechte habe und ausgebeutet werde.“*[19]

Heftig umstritten ist ein Gesetz zur Regelung von Kinderarbeit, das im August 2014 in Bolivien, dem Armenhaus Südamerikas, in Kraft trat. Es erlaubt Kindern ab 10 Jahren zu arbeiten, wenn die Eltern es erlauben und auch ein Schiedsmann zustimmt. Der Arbeitgeber wird dazu verpflichtet, auf die Gesundheit der Kinder zu achten und sie nicht auszubeuten. Gefährliche Arbeiten sind überhaupt nicht erlaubt. Den Anstoß zu diesem Gesetz gaben u. a. in sogenannten ‚Kindergewerkschaften' organisierte Heranwachsende. Der 15Jährige Rodrigo Medrano, einer der Gewerkschaftsführer aus La Paz, ist mit dem Ergebnis zufrieden: *„Wenn das Gesetz so umgesetzt wird, wie wir uns das vorstellen, werden die Kinder geschützt. Man kann sie nicht zu Arbeit zwingen, sie machen es freiwillig, und nicht einmal die eigenen Eltern können sie zur Arbeit zwingen.“*[20]

5. Zusammenfassung und abschließende Betrachtungen

Unter Kinderarbeit werden Beschäftigungen verstanden, die Kinder – im Alter zwischen 5 und 17 Jahren - in ihrer geistigen, seelischen und körperlichen Entwicklung beeinträchtigen, sie an einer freien Lebensgestaltung hindern und keine Zukunftsperspektiven bieten. Die räumliche Verteilung von Kinderarbeit ist unmittelbar mit der wirtschaftlichen und gesellschaftlichen Situation der Heimatländer verbunden. So findet man die Kinderarbeit vorwiegend auf der Südhalbkugel mit Schwerpunkten in Südamerika, Afrika und der pazifischen Inselwelt. Global arbeiten (gerundet) 265 Mio. Kinder, wobei gemäß UN-Kinderrechtskonvention 168 Mio. statistisch erfasst sind, von denen 85 Mio. einer als ‚gefährlich' eingestuften Tätigkeit nachgehen. Gründe für Kinderarbeit sind vor allem Verelendung großer Bevölkerungsteile und Ausgrenzung sozialer Gruppen, aber auch die mangelnde Bereitschaft von Regierungen der betroffenen Länder, maßgeblich gegen Kinderarbeit vorzugehen. Korrupte Systeme vor Ort verhindern Kontrollen und

---

[19] Manfred Liebel: Kinderrechte – aus Kindersicht. Wie Kinder weltweit zu ihrem Recht kommen, Berlin 2009, S. 84
[20] Julio Segador: ARD Hörfunkstudio Buenos Aires. Neues Gesetz in Bolivien. Kinderarbeit – ganz legal. Sendetermin 27.7.2014, in: http://www. tagesschau.de/ausland/bolivien-kinderarbeit-102.html (15.12.2014)

Strafmaßnahmen. Das Streben nach finanziellem Profit, zumeist außerhalb der betroffenen Regionen, verbunden mit großem Interesse an möglichst niedrigen Weltmarktpreisen für Importe aus der Dritten Welt, spielt ausbeuterischen Arbeitgebern in die Hände. Kinderarbeit verhindert Bildung, sie schwächt und macht krank, sie ist kein Weg aus der Armut. Im Gegenteil: Kinderarbeit führt wiederum zu Kinderarbeit. Das Schwergewicht der Forderungen zur Bekämpfung von Kinderarbeit liegt auf ihrem Verbot. Politik und Wirtschaft in Entwicklungsländern und Industriestaaten müssen am Abbau von Kinderarbeit mitwirken. Auch Privatleute, Konsumenten, müssen vermehrt sensibel auf Kinderarbeit reagieren sowie Hilfsorganisationen unterstützen. Allgemein geht es darum, das Problem Kinderarbeit immer wieder ins Bewusstsein zu rücken und aktiv sowie effektiv dagegen vorzugehen. Noch viel zu häufig besteht Widerstand gegen verpflichtende Maßnahmen. Trotzdem konnte im letzten Jahrzehnt ein deutlicher Rückgang der Kinderarbeit erzielt werden. So ist man dem Ziel ihrer Abschaffung näher gekommen, doch müssen die Bestrebungen konsequent fortgeführt werden. Das Verbot von Kinderarbeit in erster Linie ist allerdings umstritten, weil ohne das Geld der Kinder ihr eigenes Überleben und das der Familie nicht gesichert ist. Es droht das Abgleiten in illegale und noch bedrückendere Beschäftigungsverhältnisse. Als eine empfehlenswerte Vorgehensweise wird eine Kombination von Arbeit und Schulbesuch angesehen. Das, und ihren Schutz vor Versklavung sozusagen und selbstbestimmtes Handeln fordern auch Vertreter der Kinder selbst.

Mein Vorschlag, als Verfasser dieser Facharbeit, für einen Lösungsansatz wäre folgender: Das Schlüsselwort heißt Bildung. Um den Teufelskreis zu durchbrechen, sollten die Eltern einer Kindergeneration oder die Kinder selbst, falls sie für sich allein sorgen müssen, für den Besuch einer Schule Geld erhalten. Geld, das aus den entwickelten Ländern aber auch aus den unterentwickelten Ländern kommt. Der Effekt wäre, dass Jungen und Mädchen vermehrt zur Schule geschickt würden bzw. nicht mehr zur Kinderarbeit gezwungen sind. Am besten wären direkt angeschlossene Werkstätten oder ähnliches, so dass parallel zum Schulbesuch oder nach Schulabschluss eine Berufsausbildung gewährleistet ist. Unternehmen, die bisher Kinder beschäftigt haben, wären außerdem gezwungen, erwachsene Arbeitskräfte einzustellen, und zwar zu besseren Bedingungen. Das Argument, das Projekt sei zu teuer, gilt, wenn überhaupt, nur vorübergehend. Denn irgendwann hat es seinen Zweck erfüllt.

Quellen- und Literaturverzeichnis

„Deutschland erhöht seine Unterstützung im Kampf gegen Kinderarbeit". Nachricht vom 3.12.2014, in:
http://www.ilo.org/berlin/presseinformationen/WCMS_329527/lang--de/index.htm (22.12.2014)

Diallo, Yacouba u.a.: Global child labour developments - Measuring trends from 2004 to 2008. International Labour Office, Statistical Information on Monotoring Programme on Child Labour (SIMPOC), Genf 2010

Heidel, Klaus: Strategiepapiere zur Armutsbekämpfung: Kinder zuerst! Eine Fallstudie über die PRSP-Prozesse in Äthiopien, Kenia und Sambia in kinderrechtlicher Perspektive. Hg. v. Kindernothilfe und Werkstatt Ökonomie, Heidelberg 2005, in:
http://www.oecd.org/corporate/mne/48808708.pdf (22.12.2014)

Hütz-Adams, Friedel: Ghana. Vom bitteren Kakao zur süßen Schokolade. Der lange Weg von der Hand in den Mund, Siegburg 2012

Hütz-Adams, Friedel: Maßnahmen gegen ausbeuterische Kinderarbeit. In: Aus Politik und Zeitgeschichte. Kinderarbeit. Beilage zur Wochenzeitung Das Parlament, 43/2012 v. 22.10.2012

ILO (Hg.): World Day Aginst Child Labour 12 Juni 2007. On Overview of Child Labour in Agriculture, Genf 2007

ILO-Konvention 182, 1999, in Kraft getreten am 19.11.2000, in:
http://www.humanium.org/de/ubereinkommen-uber-das-verbot-und-unverzugliche-massnahm en-zur-beseitigung-der-schlimmsten-formen-der-kinderarbeit-nr-182 (22. 12.2014)

ILO (Hg.): Kinderarbeit – Leid und Lösung. Was wir wissen – was wir tun müssen, Coburg 2012

ILO (Hg.): Marking progress against child labour – Globel estimates and trend 2000-2012. International Labour Office, International Programme on the Elimination of Child Labour (IPEC), Genf 2013, in:
http://www.ilo.org/wcmsp5/groups/public/---ed_norm/---ipec/documents/publication/wcms_2 21513.pdf (2.1.2015)

"ILO meldet Erfolge beim Kampf gegen die Kinderarbeit". Nachricht vom 23.9.2013, in:
http://www.ilo.org/berlin/presseinformationen/WCMS_221844/lang--de/index.htm (22.12.2014)

Küppers, Barbara: Gibt es „gute" Kinderarbeit? Plädoyer für den kinderrechtlichen Ansatz. In: Aus Politik und Zeitgeschichte. Kinderarbeit. Beilage zur Wochenzeitung Das Parlament, 43/2012 v. 22.10.2012

Liebel, Manfred: Kinderrechte – aus Kindersicht. Wie Kinder weltweit zu ihrem Recht kommen, Berlin 2009

Liebel, Manfred; Kinder und Gerechtigkeit. Über Kinderrecht neu Nachdenken, Weinheim-Basel, 2012

Liebert, Nicola: Der Kampf der ILO gegen Kinderarbeit: Eine Bestandsaufnahme, in: Aus Politik und Zeitgeschichte. Kinderarbeit. Beilage zur Wochenzeitung Das Parlament, 43/2012 v. 22.10.2012

OECD (Hg.): OECD-Leitsätze für multinationale Unternehmen, Ausgabe 2011, in:
http://www.oecd.org/corporate/mne/48808708.pdf (22.12.2014)

Segador, Julio: ARD Hörfunkstudio Buenos Aires. Neues Gesetz in Bolivien. Kinderarbeit – ganz legal. Sendetermin 27.7.2014, in: http://www. tagesschau.de/ausland/bolivien-kinderarbeit-102.html (22.12.2014)

terre des hommes (Hg): Kinderarbeit – kein Kinderspiel, Osnabrück 2003

terre des hommes (Hg): Hilfe für Kinder in Not. 2. aktualisierte Auflage, Januar 2012, in:
http://www.tdh.de/fileadmin/user_upload/inhalte/10_Material/Themeninfos/2012-01_TH_Kin derarbeit.pdf. (3.1.2015)

UN-Kinderrechtskonvention, 1989, in Kraft getreten am 2.9.1990, in:
http://www.unicef.de/blob/9364/a1bbed70474053cc61d1c64d4f82d604/d0006-kinderkonvent
ion-pdf-data.pdf (15. Dezember 2014)

BEI GRIN MACHT SICH IHR WISSEN BEZAHLT

- Wir veröffentlichen Ihre Hausarbeit,
  Bachelor- und Masterarbeit

- Ihr eigenes eBook und Buch -
  weltweit in allen wichtigen Shops

- Verdienen Sie an jedem Verkauf

Jetzt bei www.GRIN.com hochladen und kostenlos publizieren